LETTRES

D'UN

PAYSAN DE LA NIÈVRE

SUR LES

PROCHAINES ÉLECTIONS

A L'ASSEMBLÉE LÉGISLATIVE.

AUTUN

IMPRIMERIE DE MICHEL DEJUSSIEU.

1849.

Première Lettre

A M***

CAUSES ET CARACTÈRE DE L'ÉLECTION

du 10 décembre.

Dans un avenir plus ou moins prochain,
la France va être appelée à l'accomplisse-
ment d'un grand acte : c'est le choix des
membres de l'Assemblée législative. Il est
donc temps pour les hommes que la confiance du pays entoure, et dont il aime à
entendre la voix, de produire leurs idées, de
manifester leurs espérances, de faire con-
naître leurs craintes : nous les adjurons tous,

sans distinction de parti, de se hâter, et nous leur promettons un concours efficace et sincère. Permettez-moi, en attendant, de vous apporter ici le fruit de sérieuses observations sur l'esprit des populations rurales au milieu desquelles j'ai toujours vécu e tdont j'aime à partager les travaux comme je partage leurs besoins, et dont je veux partager les exigences : oui les exigences, car si vous avez jugé bon de mettre le gouvernement sous la domination continuelle de la majorité des citoyens, il faut vous attendre à ce que la loi soit faite par les vingt-cinq millions d'habitants des campagnes. Nous savons que les factions anarchiques avaient compté sur ces masses populaires, en trompant leur ignorance, en faisant appel à leurs passions; mais les factions n'avaient pas compté sur le bon sens pratique du paysan qui lui fait discerner bientôt son intérêt réel, quand, par des paroles captieuses, on a pu l'égarer momentanément.

Que faut-il avant tout et par-dessus tout à l'habitant des campagnes?

L'ordre matériel.

Que nous importe à nous toutes vos théories gouvernementales plus ou moins creuses, plus ou moins vides, si vous ne pouvez nous garantir la jouissance des fruits de notre travail? Chaque année nous confions à la terre le pain de notre famille : assurez-nous d'abord que nous ferons, l'année prochaine, notre récolte en paix. Vos invocations à l'égalité, à la souveraineté du peuple, les armes mêmes que vous cherchez à puiser dans l'Evangile nous touchent peu : pour nous le Christ est celui qui a dit :

Aimez-vous les uns les autres.

Par conséquent, jamais de guerre civile.

Rendez à César ce qui est à César.

Par conséquent, respect toujours à la loi.

Mon royaume n'est pas de ce monde.

Par conséquent, aspiration continuelle vers une autre vie : le travailleur, dans cette espérance, trouve une compensation à toutes ses misères, à toutes ses douleurs ; il verse sur le sol ses sueurs sans murmurer ; en foulant les os respectés de ses pères, il lit mieux l'égalité que vous ne pourrez l'écrire dans vos constitutions.

Respect à la propriété.

Telle est la volonté du peuple.

Respect à la religion.

Telle est son exigence.

Sauvegardez ces deux principes, et le peuple des campagnes acceptera tout de vous.

Brisez-les, et vous n'avez plus rien à attendre de lui.

La situation des campagnes sous les gouvernements qui se sont succédé doit être un enseignement pour les hommes d'Etat. Le paysan était enthousiasmé sous l'Empire, heureux sous la Restauration, tranquille sous la monarchie de mil huit cent trente; il est agité et défiant sous la République de mil huit cent quarante-huit.

Sous l'Empire le seul droit du paysan consistait à aller mourir sous les drapeaux.

Mais l'Empereur avait relevé les autels brisés par la révolution; mais l'ordre et la sécurité n'avaient jamais été aussi puissamment garantis que par son sceptre de fer.

Sous la Restauration on ne parlait pas de souveraineté du peuple, le paysan n'avait aucun droit politique.

Mais la religion était honorée ; la tranquillité matérielle parfaite ; les transactions commerciales faciles ; la consommation assurée.

Sous le gouvernement de mil huit cent trente, des droits ont été accordés au peuple, et il les a payés par trois ou quatre années de troubles, d'agitation et de stagnation commerciale : cependant la religion était encore protégée par l'Etat, un immense mouvement industriel assurait la consommation.

Sous la République, tous les droits sociaux, politiques, civils, sont concentrés dans les mains du peuple, et les paysans composant la majorité du pays sont souverains absolus.

Mais la religion est chaque jour conspuée dans ses ministres, travestie par d'impudents novateurs, abattue dans la personne de son chef. La propriété est audacieusement attaquée jusque dans son principe. La confiance s'est partout retirée, la consommation partout restreinte.

Le bien-être du paysan (chose triste à dire)! a toujours été en raison inverse de ses droits, de ses libertés, tant on a mis peu de discernement dans leur distribution !

Aussi nous nous sommes levés six millions le dix décembre pour une éclatante protestation : oui nous avons voulu protester, avec la dernière énergie, contre le décemvirat qui n'a fait que ces trois choses :

Usurpé le gouvernement, car il n'avait été

institué que pour administrer temporairement et consulter la nation sur la forme de gouvernement qu'elle voulait se donner.

Dilapidé nos finances, car malgré les réserves du trésor, malgré le malencontreux impôt des quarante-cinq centimes, il a laissé les coffres de la République vides et ouvert le gouffre du déficit.

Organisé la guerre civile, car il a entretenu autour de Paris, sous le nom d'ateliers nationaux, une armée prête à se ruer sur la civilisation même, et qui l'a cruellement prouvé; car si par des prédications criminelles, par des publications incendiaires, par des choix déplorables dans les administrations départementales, il n'a pas soulevé les classes pauvres contre les classes aisées,

grâces en soient rendues au seul bon sens,
au seul bon esprit de ces paysans dont les
marquis de la République voudraient faire si
bon marché aujourd'hui.

Il faut bien qu'on le sache : voilà le seul
vrai caractère de l'élection du dix décembre.
Si nous avons enveloppé dans une commune
réprobation et le gouvernement provisoire et
ses successeurs, c'est que nous nous sommes
souvenus que ce sont ces derniers qui ont
fait inscrire au Moniteur ces paroles.......
*Le gouvernement provisoire a bien mérité de la
patrie.*

LETTRES

D'UN

PAYSAN DE LA NIÈVRE

SUR LES

PROCHAINES ÉLECTIONS

A L'ASSEMBLÉE LÉGISLATIVE.

AUTUN

IMPRIMERIE DE MICHEL DEJUSSIEU.

1849.

Deuxième Lettre

à M***

ESPRIT DANS LEQUEL SE FERONT LES ÉLECTIONS

à l'Assemblée législative.

1863

L'Assemblée nationale a commis une faute grave quand elle a pris parti d'avance dans l'élection à la présidence de la République : le jour où le candidat de son choix a succombé devant le pays, elle a été tuée ; car, pour les corps politiques, toute faute grave est mortelle.

Il était inconstitutionnel que l'Assemblée pesât de son influence sur le corps électoral :

il a été déplorable qu'elle méconnût à ce point l'opinion du pays.

Cependant, l'Assemblée nationale pouvait se relever dans l'estime publique, conquérir une belle page dans l'histoire, racheter ses faiblesses et ses inconséquences, et se perpétuer presque tout entière : il ne fallait pour cela qu'une résolution digne et hardie. Il fallait, le 22 décembre, s'incliner devant l'élu du suffrage universel et faire un appel immédiat aux électeurs triomphants. Ce qui est noble. et généreux émeut toujours la France,, et la loyauté et le désintéressement sont choses trop rares aujourd'hui, pour qu'on ne sache pas les apprécier à toute leur valeur. Il n'est pas douteux que cette résolution ferme et inattendue, surprenant le corps électoral avant qu'aucune intrigue ne pût le travailler, ne donnant à aucune candidature nouvelle le temps de se préparer, les campagnes étant encore dans l'enthousiasme de leur victoire, le peuple reconnaissant de l'hommage rendu à sa puissance aurait renvoyé à l'Assemblée législative l'Assemblée nationale presque tout entière.

Ah! sans doute aucun membre de cette fraction de l'Assemblée, qui n'a pas même su inventer une nouvelle dénomination politique, n'aurait été réélu; mais l'Assemblée constituante tient-elle si fort à voir dans l'Assemblée législative des hommes qui ont protesté contre la Constitution! Ne veut-elle pas se séparer des hommes qui voudraient continuer les plus mauvais jours de 1793? Serait-elle liée irrévocablement aux hommes qui, incapables de fonder une nouvelle école politique, se sont faits les serviles

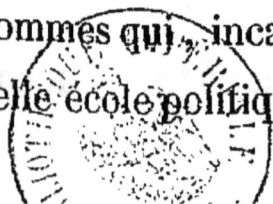

plagiaires des Montagnards de la Convention ?
Croit-elle son honneur engagé avec les hommes qui, ne pouvant trouver dans leurs rangs
un personnage assez important pour en faire
leur chef avoué, s'abritent sous les noms
sanglants des proconsuls et des tyrans de
notre première république, sous les noms
de ces monstres voués justement et irrévocablement à l'exécration de tous les siècles,
et qui nous feraient maudire aujourd'hui
jusqu'au nom de liberté, si ce saint nom de
liberté pouvait jamais être maudit sur la terre
de France !.....

Les six millions de citoyens qui ont protesté contre la marche funeste imprimée
aux affaires, depuis le 24 février, veulent
sérieusement constituer un Gouvernement :
ce ne sont pas des révolutionnaires qui,
parce qu'ils ont la victoire, veulent tout

changer, tout bouleverser dans l'Etat : une
constitution a été votée, ils veulent son
application sincère. Si elle peut assurer au
pays la paix à l'extérieur, la paix à l'inté-
rieur, l'exercice de toutes les libertés com-
patibles avec l'ordre, ils l'appuieront ferme-
ment et s'y conformeront loyalement. Mais
ils veulent avant tout constituer un pouvoir
fort et tutélaire de tous les intérêts ; ils
veulent que le chef de l'Etat, que le Prési-
dent de la République soit une autorité
réelle, libre dans son action, et non pas
seulement un drapeau mobile, que le premier
mouvement d'une Assemblée puisse faire
pencher tantôt à droite, tantôt à gauche,
sous le vent d'une popularité momentanée.

Fortifier le pouvoir,

Telle sera la première condition imposée à

tous les candidats qui se présenteront au suffrage universel dans les prochaines élections.

Aujourd'hui, le peuple connaît ses amis et ses vrais ennemis : il sait que ces agitateurs ambitieux, qui veulent faire des ennemis des propriétaires, des fermiers, des travailleurs, ne sont que d'impudents menteurs. Il sait que dans toute industrie trois éléments sont nécessaires : le capital, l'intelligence, la force matérielle. Ces trois éléments ne peuvent se passer les uns des autres.

Le capital, sans les bras qui le fécondent, devient improductif.

Les bras, sans l'intelligence qui les dirige, sont aveugles et dépensent leurs forces dans le vide.

L'intelligence, sans la matière première, et sans la force matérielle, ne peut aboutir à un résultat pratique.

Ces trois intérêts sont liés irrévocablement entre eux, et si l'un des trois vient à souffrir, les deux autres périssent inévitablement.

Eh bien! le capital, c'est le sol, c'est la propriété : *c'est le propriétaire.*

L'intelligence, c'est l'instruction pratique, c'est l'activité, c'est la connaissance des transactions commerciales : *c'est le fermier.*

La force matérielle, ce sont tous les travailleurs : *c'est le paysan.*

Les hommes qui composent ces éléments se sont unis au 10 décembre en un faisceau que rien ne pourra rompre tant qu'il ne viendra pas à se désunir. Hors de cette union, il n'y a pour chaque partie qui voudra s'isoler que misère et désespoir.

Qu'on répète donc bien haut que s'il y avait en France des hommes assez insensés pour rêver un ordre de société impossible et qui consisterait dans l'élévation des uns et l'esclavage des autres, dans l'exploitation des masses par le petit nombre, ces hommes seraient l'objet d'une réprobation universelle.

Mais qu'on répète tout aussi haut que la violence des masses sur le petit nombre serait la misère de tous.

Les niveleurs de 1848 ruineraient le peuple, en le démoralisant, tout aussi bien que les seigneurs féodaux le ruineraient en l'avilissant.

Il ne faut à la France ni bonnets rouges ni talons rouges.

Nous ne sommes pas disposés à envoyer à notre Assemblée législative ces voltigeurs de Louis XV (s'il en existe encore) qui regardent le peuple comme leur propriété taillable et corvéable à merci.

Mais nous ne voulons pas davantage y envoyer ces anarchistes sans foi, sans loi, que
nous voyons se poser en réformateurs d'une
société où ils n'ont pas su conquérir une
place : ambitieux sans talents, orgueilleux
sans mérites, conquérants sans gloire, jaco-
bins châtrés, qui ont toute la perversité et les
mauvais instincts de leurs devanciers sans
en avoir ni l'énergie, ni l'audace.

Ceux que nous voulons envoyer à l'Assemblée législative, ce sont les citoyens les
plus honnêtes, les plus éclairés, les plus fer-
mes d'entre nous tous : décidés à maintenir
l'ordre dans notre société et sachant en res-
pecter les deux bases, la religion et la propriété : et par religion nous n'entendons pas
plus le fanatisme aveugle et agressif, que par
propriété nous n'entendons le sentiment
égoïste de la conservation d'un champ et

d'une maison ; nous entendons que chacun professe son culte et sa foi ; et le crédit du banquier, l'intégrité du magistrat, la loyauté du négociant, l'honneur du soldat, sont des propriétés aussi sacrées que la possession de vastes domaines.

Nous ne savons pas bien au juste ce que les républicains de la veille ont voulu donner au peuple en lui accordant le suffrage universel ; mais nous savons ce qu'il a conquis et ce qu'il ne se laissera pas arracher, c'est la puissance absolue dans l'État et le droit d'intimer sa volonté : or, telle en est aujourd'hui l'expression :

Le peuple a voulu que Louis-Napoléon présidât ; le peuple voudra que les amis de Louis-Napoléon gouvernent.

www.ingramcontent.com/pod-product-compliance
Lightning Source LLC
Chambersburg PA
CBHW060806280326
41934CB00010B/2576